Storie Italiane

Italian Stories

A parallel text easy reader

Written by Jessica Kosinski

Translated by Claudia Cerulli

Illustrated by Julie Leiman Weaver

Long Bridge Publishing

Storie Italiane – Italian Stories: a parallel text easy reader

Stories by Jessica Kosinski
Translation by Claudia Cerulli
Illustrations by Julie Leiman Weaver
Copyright © 2011 Long Bridge Publishing. All rights reserved.

Visit "I Read Italian" for more books and resources for Italian language students:
www.ireaditalian.com

Trova tanti altri testi di narrativa bilingue nel sito: www.ireaditalian.com

Publisher's Cataloging in Publication data

Kosinski, Jessica
    Storie italiane – Italian stories: a parallel text easy reader/
written by Jessica Kosinski; illustrated by Julie Leiman Weaver
        p.   cm.
    Includes index.
    SUMMARY: Five short stories that take place in five different Italian cities, where the protagonists are children who discover famous places and old traditions of Venice, Florence, Rome, Naples, and Palermo.
    ISBN-13: 978-0-9842723-5-8
    ISBN-10: 0-9842723-5-6
    1. Italian language – Readers 2   Short stories, Italian -- Translations into English. 3.   Bilingual books--Juvenile fiction I. Title

Long Bridge Publishing
USA
www.LongBridgePublishing.com

ISBN-13: 978-0-9842723-5-8
ISBN-10: 0-9842723-5-6

Indice – Contents

La Maschera Veneziana
The Venetian Mask

Venezia è una città meravigliosa, famosa per le sue gondole e i suoi canali. Vincenzo era nato e cresciuto a Venezia e possedeva un negozio di antiquariato vicino al famoso Canal Grande. Ogni giorno andava al lavoro e vedeva i vaporetti che trasportavano la gente su e giù per la città. Vincenzo si sentiva solo. Nessuno andava mai a fargli visita e se qualcuno si fermava al negozio, lo faceva solo per acquistare o vendere oggetti antichi.

Quando Vincenzo compì cinquanta anni, ricevette una bella sorpresa. Sua sorella Amelia lo andò a trovare e portò con sé sua figlia. La bambina si chiamava Annette e aveva cinque anni. Lei e la mamma vivevano a Parigi, in Francia.

Venice is a wonderful city, well-known for its gondolas and canals. Vincenzo was born in Venice and had lived there all his life. As a grown man, he owned an antiques shop near the famous Grand Canal. Each day Vincenzo went to work and saw the vaporetti, Venetian water buses, bringing people through the beautiful city. But Vincenzo always felt a bit lonely. None of those people were really coming to see him. If they did stop, it was only to buy or to sell antiques in his store.

The year Vincenzo turned 50, he received a big surprise. His sister, Amelia, brought her little daughter to visit. Annette was the girl's name and she was five years old. She and her mother lived in Paris, France.

"Ciao Zio Vin!" strillò allegramente Annette, entrando di corsa nel negozio dello zio Vincenzo.

"Ciao Annette!" rispose Vincenzo, sorridendo e prendendola tra le braccia.

Mentre scorrazzava nel negozio dello zio, Annette notò una maschera chiusa in una vetrina.

"Zio Vin, perché tutti indossano queste maschere a Venezia?" chiese la bambina, indicando la maschera.

"Cara Annette, quella è una maschera veneziana che viene indossata durante il Carnevale" rispose Vincenzo, sorridendole, mentre apriva la serratura della vetrina.

"È così bella! Posso toccarla?"

"Certo che puoi, ma fai molta attenzione."

"È molto antica?" chiese Annette reggendo la maschera delicatamente.

"Sì, è antica, ed anche molto speciale," rispose Vincenzo.

"Perché è speciale?" chiese Annette, guardandolo fisso. Sapeva che allo Zio Vin piaceva raccontare storie interessanti.

"Hi, Uncle Vin!" Annette yelled cheerily, as she ran into Vincenzo's shop.

"Hello, Annette!" Vincenzo replied, scooping her up in his arms and smiling.

As Annette ran around her uncle's shop, she happened to spot a mask in a glass cabinet.

"Uncle Vin, why are these masks everywhere in the city?" she asked, pointing to the mask.

"That, my little Annette, is a Venetian mask, and people wear it during Carnival," said Vincenzo, smiling down at her, as he unlocked the cabinet.

"It's so pretty! Can I touch it?"

"Of course you can, but please be very careful."

"Is it very old?" Annette asked, as she held the mask carefully in her hands.

"Yes, it is. And it is very special, too," Vincenzo replied.

"Why is it special?" asked Annette, staring up at him. She knew that Uncle Vin loved to tell a good story.

"Tanti anni fa, quando avevo da poco aperto questo negozio, non riuscivo a vendere molto e guadagnavo poco. Riuscivo a malapena a pagare l'affitto. Un giorno, durante il Carnevale, un cliente entrò nel mio negozio. Indossava un costume scuro e aveva una maschera sul viso. Mi chiese se avevo uno specchio antico. La sua voce era profonda e un po' inquietante e mi fece sentire a disagio".

Zio Vin smise di parlare.

"Per piacere, continua!" disse Annette con voce eccitata.

"Così aprii una vetrina e presi lo specchio più antico che c'era. Era molto bello, fatto d'argento e decorato con dei rilievi delicati. Chiesi all'uomo se quello fosse ciò che stava cercando, ma lui non rispose. Continuò a fissare lo specchio. Le sue mani tremavano. Poi mi chiese se avevo una sedia molto antica. Ne avevo una nel retro del negozio, per cui andai a prenderla. Quando tornai, l'uomo se ne era andato e lo specchio antico era sparito!"

Annette, con gli occhi spalancati, tratteneva il respiro.

Zio Vin continuò: "Corsi fuori per cercare l'uomo che aveva preso il mio specchio ma, purtroppo, durante il Carnevale di Venezia, quasi tutti indossano una maschera. C'erano almeno dieci persone per strada con indosso lo stesso costume. Capii che non avrei mai più ritrovato il mio specchio. Così rientrai nel negozio e fu proprio allora che notai una maschera sul bancone – era la maschera che l'uomo aveva sul viso! La presi in mano per guardarla da vicino, poiché sembrava molto antica. Quando la sollevai con una mano, vidi che copriva un mazzo di banconote. La maschera era piena di soldi! Tanti soldi! Li contai e capii che sarebbero stati sufficienti per pagare l'affitto per vari mesi. Con tutti quei soldi non mi sarei dovuto più preoccupare. Mi sentii così contento che decisi di anticipare la chiusura del negozio per quel giorno, e andai a festeggiare il Carnevale".

"E la maschera?" chiese Annette.

"Beh, me la misi sul viso e uscii per strada. Quel giorno mi divertii moltissimo!

"Well, many years ago, when I first opened this shop, I wasn't selling many things and wasn't making much money. I was struggling to pay my rent. One day, during Carnival, a customer came into my shop. He wore a dark costume and a mask on his face. He asked me if I had a very old mirror. His voice was quite deep and a bit scary, and made me feel a bit uncomfortable." Uncle Vin paused for a moment.

"Go on, please!" Annette said with an excited voice.

"So I unlocked a cabinet and showed the man the oldest mirror that I had. It was a very nice piece, made with silver and decorated with fine carvings. I asked the man if this was what he was looking for, but he did not reply. He was staring at the mirror and his hands were shaking. Then he asked me if I had a very old chair. I had a few in the back of the shop, so I went there to get one. When I returned with the chair, the man was gone and the mirror had disappeared!"

Annette was holding her breath, her eyes wide open.

Uncle Vin continued, *"So I ran outside to see if I could spot the man who had taken my old mirror, but unfortunately during Carnival, almost everybody wears a mask in Venice. There were at least ten people in the street wearing the same outfit. I knew I was not going to get my mirror back. So I went back in the shop, and it was then that I noticed a mask on the counter – it was the mask that the man had been wearing on his face! I lifted the mask to inspect it more closely, since it looked very old. I took the mask with one hand and as soon as I lifted it, a big bundle of banknotes fell from it. The mask was filled with money! A lot of money! I counted it and realized it was enough to pay my rent for several months. It was enough to help me stop worrying about money. I felt very excited and decided to close the shop that day and join the crowds to celebrate Carnival."*

"And what about the mask?" asked Annette.

"Well, I put it on and went out to the street. I had a great time that day!"

"Oh, che storia incredibile, Zio Vin! Possiamo andare tutti fuori a festeggiare?"

"Certo! Andiamo a vedere che spettacoli stanno facendo in Piazza San Marco!"

"Zio Vin?" chiese Annette facendo gli occhioni dolci. "Posso mettere la maschera, per favore, per favore, per favore?"

Così andarono tra le folle a festeggiare il Carnevale, nelle vie e nelle piazze di Venezia. Naturalmente Annette indossò l'antica maschera veneziana e si divertì un mondo.

Da quel giorno in poi, ogni volta che Annette tornò a far visita a Zio Vincenzo a Venezia, gli chiese sempre qualche storia legata agli oggetti del suo negozio. Quando diventò grande, si trasferì a Venezia per lavorare con lui. Insieme trascorsero tanti bei momenti ma Annette non dimenticò mai la prima volta che festeggiarono il Carnevale insieme.

"Oh, what an incredible story, Uncle Vin! Please, can we all go out and celebrate?"

"Yes, of course we can! Let's go and see what kind of shows they have in San Marco Square!"

"Uncle Vin?" said Annette, looking at him with puppy eyes. "Can I please, please, please wear the mask?"

So they all went out and joined the crowds celebrating Carnival in the main streets and squares of Venice. Of course Annette wore the beautiful Venetian mask and had the most exciting and fun day of her life.

From that time on, whenever Annette visited her Uncle Vincenzo in Venice, she always asked him to tell her about his antiques. When she grew up, she moved to Venice and began to work with her Uncle Vin. The two had many happy times, but Annette never forgot the very first time they celebrated the Carnival of Venice together.

Il Dipinto Parlante
The Talking Painting

Peter e sua sorella Anna erano in vacanza con i genitori a Firenze. Un giorno i loro genitori dissero che sarebbero andati alla Galleria degli Uffizi, una galleria d'arte molto famosa. I bambini erano contenti all'idea di andare a vedere una galleria d'arte, ma non sapevano esattamente cosa aspettarsi.

Il giorno seguente, la famiglia arrivò alla Galleria degli Uffizi. Lì, si prenotarono per una visita guidata. Poi si misero in fila e s'incamminarono con il gruppo attraverso le grandi porte degli Uffizi. La Galleria, tanto tempo fa, era un palazzo di uffici, ed è per questo che fu chiamata Uffizi. Il palazzo che ospita la Galleria è una costruzione splendida e sontuosa.

Peter and his sister Anna were vacationing with their parents in Florence. One day during that vacation, their parents said that they were going to go to the Uffizi Gallery, a famous art gallery in Florence. Both children were very excited about the idea of seeing an art gallery, but they didn't know what to expect.

The next day, the family arrived at the Uffizi Gallery. Once there, they signed up for a group tour. Then they got in line and followed the rest of the people in the group through the grand doors of the Uffizi. The Gallery had started out as offices for high government heads, which is why it was called Uffizi, which means "offices". So, the place had a very grand and wonderful feel to it.

Ad un certo punto Anna si accorse di aver bisogno di andare in bagno. Lo disse ai suoi genitori e loro la mandarono col fratello affinché non si perdesse.

Camminando verso il bagno, i bambini notarono una porta un pò particolare, dalla quale emanava una luce proveniente dall'interno. Incuriositi, i due fecero capolino per vedere cosa ci fosse dietro quella porta. Vi trovarono un dipinto illuminato da una luce verde.

In quel bagliore verde, i bambini si accorsero che il ritratto aveva qualcosa di strano. La persona ritratta nel quadro sembrava che si stesse muovendo. Gli stava addirittura facendo cenno di avvicinarsi! Intimoriti ma curiosi, i bambini si avvicinarono al ritratto. E Peter disse:

"Chi sei?" rivolgendosi all'uomo nel dipinto.

"Mi chiamo Leo, figliolo. Sono un artista e posso dirti tante cose su questo museo!"

Soon, though, Anna had to go to the bathroom. She told her parents and they sent her brother Peter to help her get to the bathroom and back again.

On the way to the bathroom, though, the children saw a strange door with an interesting light glowing from inside the room. They were curious, so they peeked behind the door. There they saw a painting with a green light bulb hanging over it.

In the strange green glow, the children noticed something odd about the portrait. The man in it seemed to be moving. He was even motioning them to come closer! Scared but curious, the children walked toward the man in the painting. Peter spoke first.

"Who are you?" he asked the man in the painting.

"My name is Leo, my boy. I am an artist and I can tell you a lot about this museum!"

"Si, per piacere!", disse Anna.

"Beh, la Galleria degli Uffizi esiste da circa cinquecento anni. Fu costruita da un signore che si chiamava Giorgio Vasari. Duecento anni dopo la costruzione diventò una galleria d'arte aperta a tutti coloro che desiderano visitarla, proprio come avete fatto voi due oggi. Gli Uffizi sono un luogo per le opere d'arte e per gli appasionati d'arte. Siete qui con i vostri genitori?"

"Please do, sir," said Anna.

"Well, the Uffizi Gallery has been here for almost 500 years. It was built by a man named Giorgio Vasari. It took over 200 years for it to become a gallery open for anyone to visit as you two are doing today. The Uffizi is a place for art and art lovers. Are you visiting today with your parents?"

"Sì!" Dissero in coro i due bambini.

"Beh, allora è il caso che torniate da loro, no?"

"Sì, signore." Risposero i bambini, uscendo dalla stanza.

"Mamma! Papà! Non indovinerete mai chi abbiamo incontrato!" Gridò Peter, correndo incontro ai suoi genitori.

"Shhh! Peter, siamo in un museo! Parla piano!" rispose sua madre.

"Ma mamma, abbiamo appena visto un ritratto parlante!" disse Anna.

"No, ma che dite?"

"Sì, davvero! Ci ha detto che la galleria degli Uffizi è stata costruita cinquecento anni fa. Vieni a vedere!"

"Yes, we are," said the children together.

"Well, you had best get back to them, hadn't you?"

"Yes, sir," replied the children, leaving the room.

"Mom! Dad! You'll never guess what we just saw!" Peter yelled, running up to his parents.

"Shhh! Peter, this is a museum! Quiet down!" his mother answered.

"But Mom, we just saw a talking painting!" said Anna.

"No, you didn't!"

"Yes, we did! It told us all about the Uffizi Gallery being built 500 years ago. Come see!"

I bambini portarono la mamma nella stanzetta con la luce verde. Aprirono la porta pensando di trovarsi di fronte il loro amico Leo nel ritratto. Invece si ritrovarono nel ripostiglio delle scope!

Proprio in quell'istante, arrivò la guida del museo.

"Vi siete persi?" chiese al gruppetto.

"No, stavamo mostrando a nostra madre un ritratto parlante, ma non c'è più. Il ritratto ci aveva detto che si chiamava Leo".

"Ahhh! Lo avete incontrato anche voi! Molti bambini che vengono agli Uffizi gironzolano e poi trovano questo quadro parlante. Pare che sia lo spirito del grande artista Leonardo Da Vinci. Si dice che il suo fantasma protegga il museo e guidi i giovani appassionati d'arte".

I bambini continuarono la visita guidata con i genitori, uscirono dalla Galleria degli Uffizi, ma non dimenticarono mai Leo e la sua passione per l'arte.
Anni dopo, i bambini, ormai cresciuti, aprirono una loro galleria d'arte. La dedicarono al loro amico Leo e all'incredibile e fantastica esperienza vissuta tanti anni prima, alla Galleria degli Uffizi.

The children led their mother to the little room with the glowing green light. They opened the door expecting to see their friend Leo in the painting. Instead, they had found a broom closet!

Just then, the tour guide came up behind them.

"Did you get lost?" she asked the group.

"No, we were showing our Mom a talking painting, but it isn't here now. The painting said his name was Leo."

"Ahhh! So you've met him, too! Many children who come to the Uffizi wander off and find this talking painting. It is said that it is the spirit of the great artist, Leonardo Da Vinci. His ghost is said to protect the museum and guide young art lovers on their journey."

The children continued on the tour with their parents and then left the Uffizi Gallery, but they never forgot Leo and his love of art.
Years later, the two children started an art gallery together. It was a way to remember their friend Leo and the incredible, wonderful experience that they had had at the Uffizi.

Di Casa a Roma

At Home In Rome

Tony aveva sempre vissuto negli Stati Uniti. Quando aveva cinque anni, i genitori gli dissero che sarebbero andati a trascorrere le vacanze estive a Roma e sarebbero andati a trovare il nonno. Tony non era mai stato in Italia e non aveva mai incontrato Nonno Antonio, per cui era molto contento ma anche un po' preoccupato.

Arrivò Il giorno della partenza: il viaggio fu lungo e dopo tante ore di aereo, arrivarono all'aeroporto di Fiumicino. Lì, Tony vide un signore alto e magro che li stava aspettando.

Il padre di Tony gli corse incontro e lo abbracciò dicendo: "Papà! Che piacere rivederti!"

Tony grew up in the United States of America. When he was five years old, though, his parents told him that they would all be spending the summer in Rome, Italy. They were going there to visit Tony's grandfather. Tony had never been to Italy and never met his Grandpa Antonio, so he was very excited and a bit scared.

Soon, the day came when it was time to go. It was a long plane ride, but they finally arrived at the Fiumicino Airport. There Tony saw a tall, thin man waiting for them.

Tony's father ran over and gave the man a hug, yelling "Papà! It's so good to see you!"

"E questo è Tony!" disse Nonno Antonio, sorridendo.
Nonno Antonio si avvicinò a Tony e, inchinatosi, gli diede una moneta.

"And this must be Tony!" Grandpa Antonio said, smiling.
Grandpa Antonio walked over to Tony and bent down, giving him a coin.

"Piacere di conoscerti, Nonno!" disse Tony, guardando con curiosità la moneta.

La famiglia salì in macchina e Tony si mise a guardare fuori dal finestrino. La vista di Roma e i suoi rumori erano molto interessanti, ma lui si stava ancora domandando a cosa servisse la moneta che Nonno Antonio gli aveva dato.

"Nice to meet you, Grandpa!" Tony said, looking at the coin curiously.

The family got in the car and Tony watched out the windows. All of the sights and sounds of Rome were exciting, but he was still wondering about the coin that Grandpa Antonio had given him.

Arrivati a casa del Nonno, si misero tutti a tavola e mangiarono cose buonissime, parlarono a più non posso e poi si andarono a coricare, sfiniti dal lungo viaggio e dalle intense emozioni della giornata.

La mattina seguente, si sentirono riposati e pronti per uscire ed ammirare le bellezze di Roma.

Quel giorno e nei giorni successivi, Nonno Antonio portò la famiglia in giro a vedere i luoghi più interessanti della città, ad assaggiare nuove pietanze e passeggiare sulle stesse strade che gli antichi Romani avevano percorso tanto tempo prima. Andarono piu volte a far compere, ma Tony non ebbe mai occasione di spendere la monetina che il Nonno gli aveva regalato il primo giorno.

L'ultimo giorno della vacanza, il Nonno disse al papà di Tony: "Prima che torniate a casa, pensavo che al bambino potrebbe far piacere vedere la Fontana di Trevi".

Once the family arrived at Grandpa's house, they all had a delicious meal, talked until no one had any energy left, and then they all went to bed, exhausted by the long trip and the intense excitement of the day.

The next morning, everybody felt rested and ready to go out and see the beautiful sights of Rome.

That day and the remaining days of the vacation, Grandpa Antonio took the family to see the main sights of the city, to taste wonderful new dishes every day, and to stroll where the ancient Romans had strolled. They even went shopping several times, but Tony never got to spend the little coin Grandpa had given him the first day.

When the last day of the vacation arrived, Grandpa said to Tony's father, "Before you go back home, I thought that the boy might like to see the Trevi Fountain."

"Ottima idea!" disse il papà di Tony, sorridendo.

"Nonno, che cos'è la Fontana di Trevi?"

"Lo vedrai" rispose il nonno di Tony.

Dopo poco Tony ebbe la risposta alla sua domanda.
Al centro di una piazza c'era la Fontana di Trevi, una grandissima fontana piena di sculture e rilievi.
Tony, con gli occhi spalancati, si avvicinò alla grande fontana con suo nonno.

Ad un certo punto il nonno si girò e gli disse: "Figliolo, spero che Roma ti sia piaciuta e che tornerai di nuovo a trovarmi. Per sicurezza, ti ho portato qui, oggi, a vedere questa grande fontana. Sai, c'è chi pensa che sia magica".

"Magica?" chiese Tony incredulo.

"Great idea!" said Tony's dad, smiling.

"Grandpa, what is the Trevi Fountain?"

"You'll see," was all that Tony's grandpa said.

Soon, Tony got his answer.
In the middle of a square was the Trevi fountain, a huge fountain covered in exciting statues and carvings.
Tony's eyes grew bigger as he and his grandpa walked together toward the giant fountain.

Then Grandpa turned to him and said, "My boy, I hope that you liked Rome and that you will come back to see me again. Just to make sure, I wanted to bring you here, to this big fountain. Some people think that it is magical, you see."

"Magical?" Tony asked, not really believing his Grandpa.

"Sì, magica. Sai, questa fontana esiste da tanto tempo. Negli anni è stata ingrandita e resa ancora più bella. Ora è una delle fontane più famose al mondo. Si dice che chi lancia una moneta nell'acqua, sicuramente tornerà di nuovo a Roma.

Finalmente Tony capì perchè suo nonno gli aveva dato una moneta e perchè lo aveva portato alla Fontana di Trevi. Nonno si sentiva solo. Sentiva la mancanza della sua famiglia. Tony stava cominciando a sentirsi a suo agio a Roma e capì che lui e Nonno Antonio sarebbero diventati amici.

Mentre teneva per mano il nonno, Tony lanciò la moneta nella Fontana di Trevi ed in cuor suo sentì che sarebbe tornato ancora tante volte a far visita a Nonno Antonio.

Da quell'anno in poi, la famiglia ritornò a Roma ogni estate. Vedere Nonno Antonio era sempre una gran festa e Tony non mancò di lanciare una moneta nella fontana di Trevi ogni estate, assicurandosi di poter ritornare a Roma e sentircisi come a casa propria.

"Yes, magical. You see, this fountain has been around for many years. As time has passed, people have made it bigger and grander. Now, it is one of the most famous fountains in the world. Legend says that throwing a coin in this fountain will guarantee that the person throwing it will one day return to Rome."

Now Tony understood why his grandpa had given him the coin and brought him to the Trevi fountain. Grandpa was lonely. He missed his family. Tony was already beginning to feel at home in Rome and he knew that he and Grandpa Antonio were going to become great friends.

As he held his grandpa's hand and threw his coin into the Trevi fountain, Tony knew that he'd be back to see Grandpa Antonio many times.

The family went back to Rome every summer for many years after that. It was always great to see Grandpa Antonio, and Tony made sure to throw a coin into the Trevi fountain every summer, so he would always come back and feel at home in Rome.

La Piuma Magica di Capri
The Magic Feather of Capri

Adam De Carlo era in vacanza a Napoli con la sua famiglia. Il bisnonno di Adam era nato lì. Sia il padre che il nonno di Adam erano già stati a Napoli, ma per Adam questa era la prima volta.

Durante il soggiorno a Napoli, Adam e la sua famiglia fecero una gita in barca a Capri. Quasi tutti quelli che visitano Napoli, fanno poi anche un giro a Capri. L'isola offre varie strutture turistiche e stupende viste panoramiche.

Avvicinandosi con la barca alla Marina Grande, sull'isola di Capri, Adam fu colpito dalla bellezza del cielo blu, dalla limpidezza dell'acqua e dai magnifici scenari dell'isola. Inoltre non vedeva l'ora di andare a fare un giro nella Grotta Azzurra.

Adam De Carlo and his family were visiting Naples, Italy. The area was where Adam's great-grandfather had been born. Adam's father and grandfather had been to Naples before, but this was Adam's first trip.

On their visit to Naples, Adam and his family took a short boat ride to the Isle of Capri. Few people visited Naples without going to the Isle of Capri. After all, it had a beautiful resort area and wonderful views of mountains and sea.

As Adam and his family approached the Marina Grande on the Isle of Capri, Adam was amazed by the beautiful blue sky, clear blue water, and wonderful sights of the island ahead. Adam was looking forward to a visit to the Blue Grotto on the Isle of Capri.

"Dai, per piacere, parlami ancora della Grotta Azzurra, Papà", chiese Adam, mentre la barca li trasportava alla grotta.

"Beh, Adam, visitai la grotta tanti anni fa. È bellissima ed è illuminata da un riflesso di luce blu. Ci puoi entrare solo con una piccola barca a remi. Una volta dentro è cosi bella che non vuoi più uscire".

Man mano che si avvicinavano alla grotta, Adam notò le formazioni rocciose e la scogliera. L'isola di Capri era davvero bella. Finalmente arrivarono alla grotta e gli occhi di Adam s'illuminarono. La caverna era ancora più bella di quanto Adam avesse immaginato. Internamente c'era poca luce e l'acqua, di un blu intenso, brillava come un gioiello.

La grotta era buia e tranquilla. L'unico rumore che si sentiva era lo sciacquettìo dell'acqua attorno alla barca. Adam toccò l'acqua con la punta delle dita e la fece girare in cerchi, formando delle bollicine che sembravano perle. Poi guardò in alto, verso le rocce, e una piuma, svolazzando, si posò sulla sua spalla.

"Tell me again about the Blue Grotto, please, Dad," Adam begged, as they rode on the boat.

"Well, Adam, I saw the Blue Grotto once many years ago. It's a beautiful cave full of blue light. You can only get into the cave in a tiny rowboat. The cave is so pretty that you may not want to leave."

As they got closer to the cave, Adam noticed the rock formations and the cliffs. The entire Isle of Capri was beautiful. Then they got to the cave and Adam's eyes lit up. The Grotto really was more beautiful than anything Adam could imagine. The light inside was dim and the bright blue water looked like a jewel.

The cave was dark and quiet, and the only sound was the splashing of the water around the small boat. Adam touched the water with his fingers and splashed it around to make circles of tiny pearls of water. Then he looked up at the rocks of the cave and a small feather landed on his shoulder.

Non sembrava provenire da nessuna parte. Adam la prese senza dire nulla. Tutti gli altri stavano guardando in silenzio l'acqua azzurra. Poi la barca riportò la famiglia nel mare aperto ed infine sulla spiaggia. Lì sentirono un'allegra musica provenire da un bar sulla spiaggia. La musica li invogliò ad entrare. Avevano tutti molto appetito e così ordinarono dei panini.

Decisero che sarebbe stato bello mangiare in spiaggia e così facendo Adam fece amicizia con un bambino. Si trattava di un residente dell'isola, di nome Mario. I due bambini mangiarono i panini insieme e si misero a giocare in spiaggia. A un certo punto Adam decise di mostrare a Mario la piuma che aveva trovato nella grotta.

Mario prese la piuma in mano e la osservò attentamente. "Appartiene a un animale molto raro", disse.

"Che animale?" chiese Adam. "Oh, si tratta di un pesce-uccello, un animale che vive nelle grotte, nuota come un pesce e vola come un uccello" disse Mario. "Nessuno l'ha mai visto, ma ogni tanto i bambini trovano le sue piume quando vanno nella Grotta Azzurra. Le piume sono magiche e portano fortuna, ma solo se si tengono in tasca e non si fanno vedere a nessun adulto".

Adam si rimise la piuma in tasca e andò a fare un castello di sabbia con Mario.

Nei giorni successivi la famiglia di Adam trascorse tante altre giornate in spiaggia e i ragazzini divennero amici. L'ultimo giorno della vacanza Adam andò in spiaggia per l'ultima volta, per salutare il suo amico Mario. Poiché i ragazzini erano tristi, la madre di Adam gli disse di scambiarsi gli indirizzi per mantenersi in contatto. Mario corse al bar per prendere carta e penna per scrivere il suo nome e il suo indirizzo. Poi li passò ad Adam, ed anche lui fece lo stesso. Infine si scambiarono i bigliettini con gli indirizzi e si salutarono.

"Torneremo l'anno prossimo!" gridò Adam mentre salutava Mario agitando le braccia.

In aereo la famiglia De Carlo diede un ultimo sguardo allo stupendo mare azzurro e alle spiagge bianche dell'isola di Capri. Adam, seduto al suo posto, si sentiva molto triste, così si mise le mani in tasca e tirò fuori la piuma e il bigliettino che Mario gli aveva dato.

It seemed to have come from nowhere. Adam took it and said nothing. Everyone was staring at the blue water very quietly. Finally, the boat took the family back to the open waters and back to the beach. There they heard beautiful music coming from a beachside cafe. The music drew the family in. They were all hungry, so they decided to order some sandwiches.

The family thought it would be fun to eat down on the beach. There Adam made a new friend. The boy was a native islander named Mario. The two shared the sandwiches and played games on the beach. Then Adam decided to show Mario the little feather he had found in the cave.

Mario took the feather and inspected it closely. "It belongs to a very rare creature," he said.

"What creature?" asked Adam. "Oh, it is a fish-bird, an animal that lives in the caves, can swim like a fish, and fly like a bird," said Mario. "Nobody has ever seen it, but sometimes children find its feathers when they visit the Blue Grotto. The feathers are magic and bring good luck, but only if you keep them in your pockets and never show them to grownups."

Adam put the feather back in his pocket and went to make a sand castle with Mario.

After that day, Adam's family spent many more days at that same beach and the boys became close friends. The last day of the vacation, Adam went to the beach one more time to say goodbye to his new friend Mario. The boys were sad, so Adam's mother suggested they exchange addresses so they could keep in touch. Mario ran to the beachside cafe to grab a pen and paper to write his name and address. Then he handed them to Adam. Adam did the same. The two boys gave each other the papers and then said goodbye.

"We will be back next year!" Adam said, waving both hands in the air.

Once on the plane, the De Carlo family gazed down to take one last look at the beautiful blue sea and the white sandy beaches of the island of Capri. In his seat, Adam felt very sad, put his hands in his pockets and took out the feather and the piece of paper Mario had given him.

Sua madre si accorse della tristezza di Adam, e notò anche la piuma che aveva in mano. Così gli chiese: "Che cos'hai in mano?".

"Niente, " disse Adam, "solo un pezzo di carta".

"Posso vederlo?"

His mother noticed his sadness, and the feather, too. So she asked Adam, "What do you have in your hands?"

"Nothing," said Adam, "Just a piece of paper."

"May I see it?"

Adam diede il bigliettino alla madre e le domandò: "Torniamo a Capri la prossima estate?"

La mamma diede uno sguardo al padre di Adam, ma non disse nulla. Poi aprì il bigliettino e lo guardò a lungo, fece un gran sorriso e, con voce eccitata, disse: "Ma certo che torneremo la prossima estate! Anzi, penso proprio che ci torneremo ogni anno!".

Il padre di Adam la guardò con aria incredula. Perché la mamma stava dicendo quelle cose?
Allora lei prese il bigliettino e cominciò a leggerlo ad alta voce: "Mario De Carlo! Mario ha il nostro stesso cognome!".

Si scoprì poi che Mario era proprio un lontano cugino di Adam. La piuma del pesce-uccello doveva essere proprio magica, perché gli aveva davvero portato fortuna. Per anni i due ragazzini condivisero tante avventure nell'isola di Capri, costruirono castelli di sabbia e la piuma magica rimase per sempre il loro segreto.

Adam handed the paper to his mom and asked, "May we come back to Capri next summer?"

His mother looked at Adam's father but said nothing.
Then she opened the piece of paper and took a long look at it. A big smile appeared on her face, and in an excited voice she said, "Of course we will be back next year! I think we will probably come back every year!"

Adam's father gave her a very puzzled look. Why was Mom saying that?
She took the piece of paper and read it out loud, "Mario De Carlo! Mario has our same last name!"

So it turned out that Mario was Adam's distant cousin. And the secret fish-bird really was magic; it had brought them such good luck. Year after year, the two boys had many more adventures on the Isle of Capri, built many sand castles together, and always kept the magic feather their secret.

La Sorpresa di Compleanno

The Birthday Surprise

Cristina aveva sei anni e viveva a Palermo, in Sicilia, con la sua famiglia.

A Cristina piaceva il sole brillante della Sicilia, le sue spiagge, le buone cose da mangiare e i suoi cordiali abitanti. Le piaceva partecipare alle manifestazioni tradizionali e alle fiere dell'isola e, pur non sapendolo ancora, stava per scoprire un'altra tradizione siciliana, antica e divertente.

Una sera la madre di Cristina stava preparando la cena. Quando tutta la famiglia fu seduta a tavola, annunciò allegramente: " Miei cari, domani è il compleanno di Cristina e lo andremo a festeggiare in spiaggia con un bel picnic!".
A Cristina e ai suoi fratelli piaceva molto andare in spiaggia. Giocare con acqua e sabbia era molto divertente. La famiglia, infatti, faceva spesso gite alla spiaggia.

Cristina was six years old. She lived in Palermo, Sicily with her family.

Cristina loved Sicily's bright sun, beaches, tasty food, and warm people. She eagerly participated in the island's events and festivals. Although she didn't know it yet, she was about to discover another old and fun Sicilian tradition.

Cristina's mother was preparing dinner that night. When the whole family was at the table, she cheerfully announced, "My dears, tomorrow is Cristina's birthday. So, we're going to celebrate it with a picnic at the beach!"
Cristina and her brothers and sisters loved the beach. It was so much fun to play in the sand and water. The family went to the beach a lot though.

"Speravo di ricevere qualcosa di più speciale per il mio compleanno", pensò Cristina andando a letto.

Quella sera fecero tutti fatica ad addormentarsi e la notte sembrò interminabile. Quando arrivò il mattino Cristina si svegliò e si rese conto che, finalmente, era il suo compleanno!

La famiglia andò in spiaggia. Si divertirono tutti moltissimo: giocarono, mangiarono e chiacchierarono. La torta di compleanno era buonissima e molto insolita, fatta a forma di cuore e composta da tanti piccoli cannoli. Cristina pensò che quella era proprio la torta di compleanno più divertente che avesse mai visto.

Dopo aver mangiato la torta, tra proteste e lamentele, la mamma di Cristina cominciò a metter tutto via e a far salire tutti in macchina. I bambini si rattristarono nel dover lasciare un posto così bello: non era neppure il tramonto!

"I was hoping for something a little more special for my birthday," Cristina thought, as she got into bed.

No one could sleep, and the night seemed to go on forever. Finally, though, Cristina realized that it was morning. It was her birthday!

The whole family went to the beach, had a wonderful time, playing and eating and talking. The birthday cake was delicious and very unusual, since it was made with many little cannoli, all lined up to make the shape of a heart. Cristina thought that it was the most fun birthday cake she had ever seen!

After the cake, amid fierce protest and complaints, Cristina's mother started packing up and hurrying everyone to the car. The children were sad to leave such a beautiful place so early – the sun had not set yet!

Una volta in macchina, la madre di Cristina annunciò alla famiglia la vera sorpresa. "Adesso andiamo a vedere uno spettacolo di marionette!" disse, sorridendo a Cristina e al resto della famiglia.

"Che tipo di spettacolo?" chiese Cristina tutta eccitata.

"Beh, queste marionette si chiamano Pupi. Si tratta di un'antica tradizione siciliana. I Pupi venivano fatti da maestri pupari e gli spettacoli parlavano di storie del passato, come ai tempi di Carlomagno".

Quando la famiglia arrivò sul luogo dello spettacolo, Cristina si accorse della gran folla presente. Si vedeva che la gente venuta ad assistere allo spettacolo proveniva da lontano. La madre di Cristina disse ai bambini di sedersi e attendere un minuto. Poi sparì nella folla.

Once in the car, Cristina's mother told the family the real surprise. "We're going to see a puppet show now!" she said, smiling at Cristina and the rest of the family.

"What kind of puppet show?" Cristina asked, all excited.

"Well, they're called "pupi". It's an old Sicilian tradition. The original pupi were made by famous puppeteers. They were big shows all about olden times, especially the times of Charlemagne."

When the family arrived at the puppet show, Cristina noticed that there were many people. They all had come from far away to watch the show. Cristina's mother told the family to take their seats and wait for just a minute. Then she disappeared into the crowd.

Poco dopo, la mamma di Cristina tornò e una a una cominciarono ad apparire le marionette. Tutte indossavano costumi colorati e copricapi interessanti. Lo spettacolo cominciò e i bambini s'immersero nella storia.

Mentre Cristina guardava lo spettacolo con grande interesse, apparve un nuovo personaggio: si chiamava "Principessa Cristina"! Immediatamente Cristina capì perché sua madre era sparita poco prima. Era andata a chiedere ad un puparo di usare il nome di Cristina nello spettacolo. Che bella sorpresa!

Cristina s'immedesimò a tal punto che le sembrò di vivere la storia per davvero. Le vicende la trascinarono in luoghi lontani dove visse incredibili avventure e dove incontrò personaggi straordinari. A un certo punto cavalcò un cavallo magico, galoppando nel cielo notturno blu e stellato. Poi si ritrovò ad aiutare gli abitanti di un villaggio domando un grosso drago che si era perduto e non riusciva a trovare la strada per tornare nel suo nido sulle montagne. Oh, che divertimento!

Cristina si divertì moltissimo allo spettacolo di marionette. Era davvero il più bel regalo mai ricevuto in vita sua! Proprio come aveva desiderato, quel giorno era stato davvero speciale.

Very soon, Cristina's mother came back. Then, one by one, the puppets began to appear. They wore colorful costumes and interesting headpieces. The story began and the children lost themselves in the plot. While Cristina watched the show with excitement and curiosity, a new puppet appeared. She was introduced as "Princess Cristina!" Cristina suddenly knew why her mother had disappeared for a minute or two. She had asked the puppeteer to use Cristina's name. What a great surprise!

Cristina was so caught up in the show that she felt that she truly was in it. The story took her to faraway lands where she lived incredible adventures and met amazing characters. At one point she rode a magic horse and galloped across the blue night sky. A moment later she helped village people tame a big, mean dragon that had lost its way and couldn't go back to its home in the mountains. Oh, this was so much fun!

Cristina loved the puppet show. She thought that it was the best birthday present she had ever had! Today had turned into a very special day after all.

Dove sono ambientate le storie

Where the stories take place

La Maschera Veneziana: **Venezia**
*The Venetian Mask - **Venice***

Il Dipinto Parlante: **Firenze**
*The Talking Painting: **Florence***

Di Casa a Roma: **Roma**
*At Home In Rome: **Rome***

La Piuma Magica di Capri: **Napoli** e **Capri**
*The Magic Feather of Capri: **Naples** and **Capri***

La Sorpresa di Compleanno: **Palermo**
*The Birthday Surprise: **Palermo***